TOM VIAJA EN EL TIEMPO

Antigua Roma

Acerca de la antigua Roma

La antigua Roma se fundó en lo que hoy es Italia, a orillas del río Tíber, hace más de 2700 años. Al principio, Roma no era más que una pequeña aldea, pero creció hasta convertirse en la capital de un imperio gigantesco que abarcaba desde el norte de Inglaterra hasta el norte de África, y desde lo que en la actualidad es España hasta Oriente Medio. A lo largo de su extensa historia, el poder en el Imperio romano recayó en manos de funcionarios electos o de emperadores, y durante casi un milenio la cultura y la vida en la antigua Roma prosperaron. Los romanos construyeron gran cantidad de estructuras impresionantes: estadios y palacios enormes, templos, acueductos y carreteras; algunas incluso siguen en uso hoy en día. Puede que algunos de los lugares que Tom visita en este libro no coexistieran en la misma época, pero todos ellos forman parte de la cultura y la historia de la antigua Roma.

Prepárate para conocer a...

Tom

La abuela Bea

El gato Ulises

y para localizar el águila oculta en cada escena.

Traducido por Pepa Arbelo

Título original: *Find Tom in Time: Ancient Rome*
Esta traducción ha sido publicada mediante un acuerdo con Nosy Crow Limited
Publicado en colaboración con el Museo Británico de Londres
© Del texto: Nosy Crow, 2020
© De las ilustraciones: Fatti Burke, 2020
© De esta edición: Grupo Editorial Luis Vives, 2020

ISBN: 978-84-140-2445-4
Depósito legal: Z 1627-2019

Impreso en China

Todos los derechos reservados. Cualquier forma de reproducción,
distribución, comunicación pública o transformación de esta obra solo
puede ser realizada con la autorización de sus titulares, salvo excepción
prevista por la ley. Diríjase a CEDRO (Centro Español de Derechos
Reprográficos) si necesita fotocopiar o escanear algún fragmento de
esta obra. (www.conlicencia.com; 91 702 19 70 / 93 272 04 47)

Índice

INTRODUCCIÓN .... págs. 4–5
EL FORO .... págs. 6–7
EL CIRCO MÁXIMO .... págs. 8–9
EL CAMPO DE MARTE .... págs. 10–11
EL PANTEÓN .... págs. 12–13
EL ESTUDIO DE ESCULTURA .... págs. 14–15
EL ACUEDUCTO .... págs. 16–17
LAS *INSULAE* .... págs. 18–19
LAS TERMAS .... págs. 20–21
EL PUERTO .... págs. 22–23
LA VILLA .... págs. 24–25
EL BANQUETE .... págs. 26–27
EL TRIUNFO .... págs. 28–29
EL COLISEO .... págs. 30–31
EN CASA .... págs. 32–33
SOLUCIONES .... págs. 34–38
GLOSARIO .... págs. 38–39
ÍNDICE ALFABÉTICO .... pág. 40

INTRODUCCIÓN

Tom es un chico corriente. Bueno, más o menos. Es listo, valiente y le encantan las aventuras.

La abuela de Tom, Bea, es una abuela normal, más o menos. Es lista, valiente, además de un poco traviesa, y le encantan las aventuras. Menos mal, ya que su trabajo consiste en excavar entre la tierra y el polvo para descubrir cómo se vivía en otras épocas.
La abuela Bea es **ARQUEÓLOGA**.

Al gato de la abuela Bea, Ulises, no le gusta excavar entre la tierra y el polvo. Ni mojarse. Ni saltarse ninguna comida. En realidad, a Ulises no le gustan las aventuras en absoluto. Sobre todo después de lo que ocurrió la última vez que Tom vino a pasar unos días... pero esa es otra historia.

Un día frío y lluvioso, la abuela Bea llamó a Tom a su despacho. Ulises estaba tumbado en su regazo sobre su manta amarilla favorita.

—¿Qué es eso? —dijo Tom, señalando un objeto brillante.

—Es una moneda de la época de **ADRIANO**. Fue un emperador de la antigua Roma hace casi 2000 años. Este es su rostro; durante su mandato lo acuñaron en todas las monedas.

—¡Hala! ¿Puedo cogerla, abuela?

La abuela sonrió. En sus ojos brilló un destello conocido.

Tom extendió la mano para coger la moneda y... ¡ZAS!

EL FORO

Tom estaba en la antigua Roma. ¡No podía creerlo! Se encontraba en una especie de mercado repleto de gente, pero no veía ni a la abuela Bea ni a Ulises. Sabía que la abuela no lo enviaría solo al pasado, así que debía de estar cerca, pero ¿dónde? Justo en ese instante vio una cola anaranjada que desaparecía entre los puestos.

La construcción inicial del Foro fue obra de los reyes de Roma, pero en los siglos siguientes sufrió muchos cambios. Para construirlo hizo falta drenar una ciénaga. ¡Menudo trabajo debió de costarles!

El Foro se encontraba sobre la **CLOACA MÁXIMA**, una alcantarilla gigantesca. Su función principal era drenar las aguas pluviales para evitar que la ciudad se inundase, pero también se utilizaba para evacuar las **LETRINAS**, que eran los aseos de los antiguos romanos. Seguro que los días de calor no olería a flores.

¿PUEDES ENCONTRAR...?

- A una persona leyendo en la letrina comunal
- A Tom
- A dos senadores vestidos con togas púrpuras discutiendo
- Una tinaja rota
- Al gato Ulises
- Una estatua sin cabeza
- A una persona echándose una siesta

Era un lugar increíble en el que los **PATRICIOS**, los sacerdotes y los comerciantes trabajaban codo con codo. Todo tipo de personas disponían de este espacio, en el que comentaban las noticias y trababan amistad.

EL CIRCO MÁXIMO

Mientras perseguía a Ulises, Tom tropezó con una manta amarilla. ¡Seguro que se le había caído a la abuela Bea! Tom la recogió y corrió colina arriba hasta un estadio abarrotado. La multitud vitoreaba vestida con togas de colores.

Tom se enrolló la manta al cuerpo para no destacar. A lo lejos vio un gato asustado. ¿Sería Ulises?

Las carreras consistían en dar 7 vueltas al **CIRCO** y, cada vez que se completaba una de ellas, quitaban un huevo y un delfín metálicos de dos columnas especiales situadas en los extremos del podio central, para que el público pudiera saber cuántas vueltas faltaban.

En ese estadio impresionante se celebraban las carreras de **CUADRIGAS**, además de los juegos (llamados *LUDI* en latín), que incluían cacerías de animales salvajes y luchas de gladiadores.

¿PUEDES ENCONTRAR...?

- Una cuadriga sin una rueda
- Un casco extraviado
- A Tom
- Un caballo comiéndose uno de los adornos
- Al gato Ulises
- A un conductor vestido de un color equivocado
- A una persona vendiendo pasteles de miel

Los conductores de las cuadrigas siempre iban vestidos de seda roja, azul, verde o blanca. De los carros tiraban entre 2 y 12 caballos.

El Circo Máximo tenía capacidad para más de 250 000 personas: ¡unos 4 estadios de fútbol a rebosar!

EL CAMPO DE MARTE

Una vez fuera del estadio, Tom se apresuró a subir a la colina siguiente. Había soldados con una armadura pesada y reluciente, formando grupos numerosos. La abuela odiaba la guerra, así que no se quedaría mucho rato.

En ese momento, Tom escuchó un aullido de enfado que salía de detrás de un muro de escudos. ¿Dónde se habría metido Ulises esta vez?

El **CAMPO DE MARTE** era el lugar donde se concentraba y entrenaba el famoso ejército romano, pero también se usaba para votar, hacer el **CENSO** y para llevar a cabo festivales.

A los soldados se los llamaba **LEGIONARIOS** y cada legión, compuesta por unos 5000 soldados, estaba al mando de un **LEGADO**.

Cada legión se organizaba en 10 **COHORTES**, divididas a su vez en centurias de unos 80 hombres, dirigidos por un **CENTURIÓN**.

Los ejércitos se colocaban hombro con hombro y practicaban distintas formaciones, como la de cuña o la **TESTUDO** (en latín significa 'tortuga').

¿PUEDES ENCONTRAR...?

- A un soldado que ha perdido una sandalia
- A un soldado soñoliento
- A Tom
- A un soldado sujetando la espada del revés
- Un pájaro que está anidando en un casco
- A un soldado comiendo
- Al gato Ulises

La **GUARDIA PRETORIANA** estaba formada por los guardaespaldas personales del emperador. ¡El emperador Augusto tenía unos 4500 soldados para protegerlo!

EL PANTEÓN

Ulises salió disparado de detrás de un muro de soldados hacia un edificio precioso, con Tom pisándole los talones.

—¡Ostras! —susurró Tom al divisar a lo lejos a una señora mayor que iba a toda prisa; su peinado le resultaba familiar...

El nombre **«PANTEÓN»** procede de varias palabras griegas y significa 'todos los dioses'. Al principio este edificio se usaba como templo para honrar y venerar a los dioses romanos, que eran muy numerosos. Hay quienes creen que también se construyó para que el emperador pudiese presumir de las estatuas que lo representaban como a un dios.

La cúpula es una **SEMIESFERA** perfecta, y sigue siendo la mayor cúpula sin armadura de acero del mundo; una hazaña arquitectónica.

¿PUEDES ENCONTRAR...?

- A un flautista tocando música
- A dos mujeres haciendo ofrendas de flores
- Un perro asustando a un gato
- Una vaca de sacrificio
- A una sacerdotisa quemando incienso
- A Tom
- Al gato Ulises

El primer Panteón se incendió, al segundo lo alcanzó un rayo y también se quemó, y el tercero se terminó de construir en el 125-126 a. C.; es el que sigue en pie hoy en día. El hueco (u *OCULUS*) de la parte superior mide 8 metros de ancho. Es su única fuente de luz.

EL ESTUDIO DE ESCULTURA

Una vez en la calle, Tom se encontró justo delante de un concurrido estudio de escultura.

Los **ESCULTORES** romanos se inspiraban en la escultura de la antigua Grecia, pero a la vez pretendían que sus obras tuvieran un aspecto más realista.

Trabajaban con bronce o mármol para crear gran cantidad de estatuas de dioses y diosas, así como de sus **ANCESTROS** y familiares. Cuando el cabeza de familia de un hogar fallecía, se encargaba una escultura de su cabeza y se colocaba en el **ALTAR** familiar.

En realidad, las esculturas en la antigua Roma estaban pintadas con colores vivos, así que las estatuas de mármol blanco que ves en los museos no se parecen a las originales, que estaban adornadas con motivos decorativos y con todos los colores del arcoíris.

«De aquí es de donde deben de haber salido todas esas estatuas gigantescas...», pensó Tom.

No había ni rastro de la abuela Bea. De pronto, un gato escapó a toda velocidad del estudio.

—¡Ulises! —gritó Tom mientras lo perseguía.

¿PUEDES ENCONTRAR...?

- Un jarrón cayéndose de una mesa
- Una estatua muy parecida a la abuela Bea
- A Tom
- A un escultor al que le duele el pulgar
- A alguien que se ha caído en un ánfora
- A una modelo aburrida
- Al gato Ulises

También les encantaba contar historias a través de la escultura, mediante relieves en edificios, arcos, columnas y tumbas.

EL ACUEDUCTO

Poco después Tom llegó hasta una zona en obras inmensa. Había todo tipo de personas ocupadas en distintos trabajos, e incluso una grúa de madera enorme que elevaba pesados bloques de piedra.

Ulises odiaba la tierra y el polvo, y también mojarse. Era imposible que estuviese merodeando por aquí, a menos que... Un momento, ¿no era la abuela Bea a quien veía un poco más adelante?

Este acueducto es el **AQUA TRAIANA**, que transportaba el agua desde un lago a 40 kilómetros de Roma. Algunos romanos ricos incluso canalizaban el agua directamente hasta sus casas para cocinar y lavar.

Algunos acueductos eran solo zanjas; otros estaban revestidos de piedra; y otros, para transportar el agua, atravesaban ríos o valles con canales a gran altura soportados por arcos de piedra.

¿PUEDES ENCONTRAR...?

- Al gato Ulises
- A un hombre al que se le cae el martillo
- A un malabarista
- A Tom
- Un ganso atacando a un constructor
- A una señora con la compra
- Un pájaro dejando un regalito desagradable

ACUEDUCTO significa 'que transporta agua' en latín. Antes de crearlos, los romanos usaban el agua del río para beber y bañarse, donde también llegaban las aguas residuales. ¡Qué asco!

En la época en la que Tom visita Roma había 10 acueductos y un siglo más tarde, 11. Los romanos tardaron 500 años en terminarlos todos.

LAS INSULAE

Tom recorrió toda la calle y desembocó en otra repleta de tiendas, talleres y bloques de viviendas. Algunos eran tan altos que las plantas superiores estaban un poco inclinadas.

Había gatos a montones, pero ¿cuál sería Ulises? ¿Y dónde demonios se habría metido la abuela Bea?

LAS TERMAS

Calle abajo, Tom se encontró con lo que parecía un auténtico gimnasio de lujo. A la abuela Bea le encantaba darse un buen baño, pero seguro que estaba fuera, buscándolo, en vez de metida en remojo en la piscina. Y tropezarse con Ulises cerca de toda esta agua era imposible: ¡odiaba bañarse!

¿PUEDES ENCONTRAR...?

- Una competición de lucha
- A alguien resbalando
- A Tom
- A un hombre depilándose las axilas
- A alguien comiendo
- A un hombre sin su toalla
- Al gato Ulises

Las termas públicas eran una parte importante de la vida cotidiana en la antigua Roma, y no solo para asearse. Allí, los habitantes de la ciudad nadaban, hacían ejercicio o se daban masajes. ¡Los niños entraban gratis!

Primero te desvestías y te dabas un chapuzón en el **FRIGIDARIUM**, la piscina fría, luego pasabas al **TEPIDARIUM** para volver a entrar en calor. De ahí ibas al **CALDARIUM**, que estaba muy caliente y lleno de vapor. Además, para quedar bien limpio, primero te embadurnabas todo el cuerpo con aceite, después lo retirabas y volvías a pasar por la sala caliente y por la piscina fría.

Las termas se calentaban por medio de **HIPOCAUSTOS**, una especie de hornos subterráneos que caldeaban el agua desde abajo.

En algunas había zonas diferenciadas para hombres y mujeres, o cada grupo las usaba en un horario distinto, pero durante algunas épocas en la antigua Roma era habitual compartir el mismo espacio.

EL PUERTO

Tom caminó hasta un puerto muy transitado, con barcos repletos de pasajeros y cargamento. ¡Ojalá Ulises no se hubiese quedado encerrado en uno por accidente!

Por el rabillo del ojo divisó a una señora de pelo gris y ondulado. Era imposible que fuera la abuela Bea. ¿O quizá no?

Los romanos usaban los ríos y canales para transportar por todo el imperio mercancías y personas. Solían importar alimentos, generalmente en barco, desde los lugares que habían conquistado hasta Roma y otras ciudades.

Roma era mucho más que una ciudad, era un imperio enorme con 60 millones de habitantes durante su mayor esplendor. El puerto de **OSTIA**, a 25 kilómetros de la capital, era un lugar rebosante de actividad, tanto de barcos militares como de buques mercantes para el comercio.

¿PUEDES ENCONTRAR...?

- A Tom
- A un marinero dándose un chapuzón
- Un cangrejo polizón
- A un chico colándose en un barco
- Un saco de cereales cayendo al mar
- Una gaviota con mala uva
- Al gato Ulises

Los barcos navales romanos usaban velas y remos para conseguir velocidad, y solían requerir a 300 remeros. En la marina había cientos de naves, así que ¡necesitaban muchos remeros!

Los productos más importados eran los cereales (con el que hacían pan para los pobres), así como la seda, los perfumes, las especias y el mármol. A su vez, los romanos exportaban **PAPIRO**, aceite de oliva y cerámica.

LA VILLA

Tom corrió tras una señora que entró en una casa enorme situada al pie de una colina. No se parecía en nada a los bloques de viviendas que había visto. ¡Qué sitio tan fantástico para vivir!

Localizó a Ulises saltando por la ventana de otra **VILLA** calle arriba.

Las villas eran las casas de los romanos ricos. Unas eran tan solo granjas; otras, extensas propiedades a las afueras de la ciudad.

Las villas se edificaban alrededor de un **ATRIUM**, un patio central. En torno a este tenían dormitorios, una sala de estar (o **TABLINUM**), un altar a los dioses y más de un comedor, para que los comensales pudieran disfrutar de la luz del sol que entraba en distintos ángulos durante el día. Las cocinas solo las utilizaban los esclavos.

¿PUEDES ENCONTRAR...?

- A un criado con una bandeja ardiendo
- Un perro marrón
- A Tom
- Una rana en la piscina
- Al gato Ulises
- Un mosaico con un error
- A una niña con una jarra de vino

Las villas se decoraban con pinturas y **MOSAICOS** preciosos. Estos estaban formados por millones de pequeñas piezas cuadradas, llamadas **TESELAS**, hechas de mármol, cerámica, vidrio, azulejo, concha o piedra. Imagínate cómo sería componer uno de ellos. ¡Seguro que más difícil que un puzle!

EL BANQUETE

Tan pronto se coló en la villa, a Tom se le hizo la boca agua con el delicioso olor a comida. Por eso Ulises tenía tanta prisa... A la abuela Bea también le encantaban las fiestas.

¿PUEDES ENCONTRAR...?

- A Tom
- Miel derramada
- A una invitada dormida
- Un cuenco con brochetas de lirón asado
- Al gato Ulises
- Parte de la cena a la fuga
- A una acróbata que ha tirado vino

Los espectáculos para los invitados contaban con bailarines, acróbatas, luchas de gladiadores y hasta leopardos y leones amaestrados.

Los romanos no se sentaban a comer en una mesa. Se reclinaban en **DIVANES** y comían casi tumbados.

De repente se escuchó un grito: a un invitado le estaban birlando su lirón asado. Ulises se esfumó en un santiamén, y Tom siguió su ejemplo.

Los romanos concedían una gran importancia al ritual social de comer y beber en compañía. Los **BANQUETES** eran toda una exhibición donde el anfitrión trataba de impresionar a sus comensales con platos fabulosos y un sinfín de espectáculos. Entre algunos de esos manjares insólitos se podían encontrar lenguas de pavo real, caracoles alimentados con leche y brochetas de lirón. También comían pájaros cantores, faisanes, langostas, erizos de mar y jabalíes, todos ellos servidos con presentaciones que dejasen a los invitados boquiabiertos.

EL TRIUNFO

Tom salió de la villa persiguiendo a Ulises; pero, una vez en la calle, un gentío enorme le cerró el paso. Había un desfile: ¡el mismísimo emperador pasaba en una cuadriga! Era algo espectacular. A Tom le hubiera encantado que la abuela Bea y Ulises estuvieran allí para verlo. Un momento, ¿no era ella quien estaba al otro lado de la calle?

El **TRIUNFO** romano era en sus inicios un desfile de victoria en honor a un **COMANDANTE** o líder que había realizado una gran hazaña militar. Aunque, ya en la época del imperio, a los emperadores les gustaba reservarse esta ocasión tan grandiosa para sí mismos. Muchos construyeron **ARCOS DEL TRIUNFO**, en los que se tallaban escenas de sus victorias militares y demás éxitos.

A veces los triunfos duraban días, con banquetes, juegos y espectáculos. Había guirnaldas de flores por todas partes y desfiles de cuadrigas, de animales salvajes e incluso de los tesoros que les habían arrebatado a los pueblos conquistados.

¿PUEDES ENCONTRAR...?

- A un soldado en dirección contraria
- A un niño con el casco de un soldado
- Un mono que se ha escapado
- Al gato Ulises
- A alguien que ha perdido a su perro
- A Tom
- A un soldado al que el casco le tapa la cara

Los emperadores vestían túnicas doradas, y sus hijos pequeños los acompañaban en el carruaje. ¡Seguro que lo pasaban en grande!

EL COLISEO

Con mucho esfuerzo, Tom consiguió cruzar la calle, pero la abuela ya no estaba allí. Siguió a la multitud hasta un lugar aún más sorprendente que los anteriores. ¡Era gigantesco y estaba abarrotado de personas gritando!

Escuchó un ronroneo familiar y localizó a Ulises en brazos de... ¡la abuela Bea!

¿PUEDES ENCONTRAR...?

- Un tigre soñoliento
- A una señora desmayada
- A Tom
- A un niño intentando ver lo que hay en la arena
- Al gato Ulises
- A unas señoras lanzando flores
- A un gladiador huyendo

El término **«GLADIADOR»** procede de la palabra latina **GLADIUS**, que significa 'espada'. Sin embargo, los gladiadores usaban todo tipo de armas, como arcos, flechas y redes o **TRIDENTES** (una especie de lanza con 3 puntas).

El Coliseo era el **ANFITEATRO** más grande del imperio, con aforo para 50 000 personas. Es famoso, sobre todo, por haber sido escenario de luchas de gladiadores, que solían ser esclavos, delincuentes o prisioneros de guerra.

Los gladiadores asistían a unas escuelas especiales donde los entrenaban y recibían mejores alimentos y celdas que en la cárcel. Algunos de ellos eran muy populares. Pero miles de hombres y mujeres murieron en esos combates o luchando con animales salvajes para entretenimiento de las masas.

EN CASA

Tom fue corriendo hasta donde estaba la abuela Bea y la abrazó fuerte.

En ese mismo instante, se escuchó un **¡ZAS!**

De repente, Tom estaba en casa.

SOLUCIONES

EL FORO
Páginas 6-7

- Una persona leyendo en la letrina comunal
- Tom
- Dos senadores vestidos con togas púrpuras discutiendo
- Una tinaja rota
- El gato Ulises
- Una estatua sin cabeza
- Una persona echándose una siesta

EL CIRCO MÁXIMO
Páginas 8-9

- Una cuadriga sin una rueda
- Un casco extraviado
- Tom
- Un caballo comiéndose uno de los adornos
- El gato Ulises
- Un conductor vestido de un color equivocado
- Una persona vendiendo pasteles de miel

EL CAMPO DE MARTE
Páginas 10-11

- Un soldado que ha perdido una sandalia
- Un soldado soñoliento
- Tom
- Un soldado sujetando la espada del revés
- Un pájaro que está anidando en un casco
- Un soldado comiendo
- El gato Ulises

EL PANTEÓN
Páginas 12-13

- Un flautista tocando música
- Dos mujeres haciendo ofrendas de flores
- Un perro asustando a un gato
- Una vaca de sacrificio
- Una sacerdotisa quemando incienso
- Tom
- El gato Ulises

EL ESTUDIO DE ESCULTURA
Páginas 14-15

- Un jarrón cayéndose de una mesa
- Una estatua muy parecida a la abuela Bea
- Tom
- Un escultor al que le duele el pulgar
- Alguien que se ha caído en una ánfora
- Una modelo aburrida
- El gato Ulises

EL ACUEDUCTO
Páginas 16-17

- El gato Ulises
- Un hombre al que se le cae el martillo
- Un malabarista
- Tom
- Un ganso atacando a un constructor
- Una señora con la compra
- Un pájaro dejando un regalito desagradable

LAS *INSULAE*
Páginas 18-19

- 🟢 Dos chicos jugando a los dados
- 🔵 Tom
- 🔴 Un perro robando comida
- 🟣 Un altar a los dioses del hogar
- 🟢 El gato Ulises
- 🟠 Una gata con sus crías
- 🟡 Una niña jugando con su muñeca

LAS TERMAS
Páginas 20-21

- 🔴 Una competición de lucha
- 🟡 Alguien resbalando
- 🟢 Tom
- 🟠 Un hombre depilándose las axilas
- 🟣 Alguien comiendo
- 🟢 Un hombre sin su toalla
- 🟠 El gato Ulises

EL PUERTO
Páginas 22-23

- 🟡 Tom
- 🟠 Un marinero dándose un chapuzón
- 🟠 Un cangrejo polizón
- 🔵 Un chico colándose en un barco
- 🟢 Un saco de cereales cayendo al mar
- 🔴 Una gaviota con mala uva
- 🟢 El gato Ulises

LA VILLA
Páginas 24-25

- Un criado con una bandeja ardiendo
- Un perro marrón
- Tom
- Una rana en la piscina
- El gato Ulises
- Un mosaico con un error
- Un niña con una jarra de vino

EL BANQUETE
Páginas 26-27

- Tom
- Miel derramada
- Una invitada dormida
- Un cuenco con brochetas de lirón asado
- El gato Ulises
- Parte de la cena a la fuga
- Una acróbata que ha tirado vino

EL TRIUNFO
Páginas 28-29

- Un soldado en dirección contraria
- Un niño con el casco de un soldado
- Un mono que se ha escapado
- El gato Ulises
- Alguien que ha perdido a su perro
- Tom
- Un soldado al que el casco le tapa la cara

EL COLISEO
Páginas 30-31

- 🟢 Un tigre soñoliento
- 🔵 Una señora desmayada
- 🔴 Tom
- 🟡 Un niño intentando ver lo que hay en la arena
- 🟢 El gato Ulises
- 🟠 Unas señoras lanzando flores
- 🟣 Un gladiador huyendo

GLOSARIO

ACUEDUCTO Tipo de puente o canal que se utilizaba para transportar agua

ADRIANO Emperador del Imperio romano que gobernó entre los años 117 y 138 a. C.

ALTAR Lugar de culto

ANCESTRO Familiar (a menudo fallecido hace tiempo) del que desciende una persona

ANFITEATRO Edificio circular u ovalado abierto, con asientos alrededor de un espacio central que se utiliza para actividades deportivas o escénicas

AQUA TRAIANA Uno de los **ACUEDUCTOS** construidos en Roma

ARCO DEL TRIUNFO Monumento para conmemorar la importancia de un acontecimiento o una persona y que incluye como mínimo un arco para que lo atraviese el desfile

ARQUEÓLOGO Persona que se dedica a estudiar la historia de una cultura desenterrando y examinando objetos históricos

ATRIUM Patio al aire libre

BANQUETE Gran fiesta de celebración de algún acontecimiento en la que participan muchas personas

CALDARIUM Piscina muy caliente en unas termas públicas

CAMPO DE MARTE Enorme espacio abierto en el que entrenaba el ejército romano. También se utilizaba para votar, para el **CENSO** y para llevar a cabo festivales

CENSO Recuento oficial de las personas que viven en un determinado lugar o país

CENTURIA Grupo de 80 hombres aproximadamente dentro de una **COHORTE**

CENTURIÓN Comandante al mando de una **CENTURIA**

CICERÓN Famoso político y escritor de la antigua Roma

CIRCO Estadio circular u ovalado rodeado por gradas de asientos

CLOACA MÁXIMA Alcantarilla gigantesca utilizada para evacuar las aguas pluviales y los residuos de las **LETRINAS** fuera de la ciudad

COHORTE Grupo dentro de una **LEGIÓN** compuesto por unos 500 soldados

COMANDANTE Mando militar

CUADRIGA Vehículo tirado por caballos que se utilizaba en las carreras o en combate

DIVÁN Mueble cómodo y alargado utilizado para comer reclinado

ESCULTOR Persona que crea esculturas

FRIGIDARIUM Piscina muy fría en unas termas públicas

GLADIADOR Persona (a menudo un esclavo o delincuente) que luchaba a muerte para entretener al pueblo romano

GLADIUS Tipo de espada

GUARDIA PRETORIANA Grupo de soldados que protegía a un emperador

HIPOCAUSTO Versión antigua de la calefacción radiante en la que se usaba aire caliente para calentar el agua desde abajo

INSULAE Bloques de viviendas

LEGADO Comandante de una **LEGIÓN**

LEGIÓN Grupo de unos 5000 soldados aproximadamente

LEGIONARIO Soldado que por lo general se agrupaba dentro una **LEGIÓN**

LETRINA Retrete colectivo

LUDI Nombre en latín utilizado para designar los juegos o competiciones deportivas

MOSAICO Decoración de una pared o un suelo compuesta por muchos trozos pequeños de **TESELAS**

OCULUS Ventana circular

OSTIA Ciudad portuaria situada a unos 25 km de Roma

PANTEÓN Edificio imponente que al principio se usó como templo para venerar a los dioses y diosas romanos

PAPIRO Tallos de cañas que se utilizaban para fabricar un material similar al papel

PATRICIO Ciudadano romano acomodado

SEMIESFERA Mitad de una esfera

TABLINUM Sala de estar

TEPIDARIUM Piscina templada en unas termas públicas

TESELA Pedazo de mármol, vidrio, cerámica, azulejo, concha o piedra, cortado a menudo en cuadrados

TESTUDO Significa 'tortuga' en latín y designa una formación en la que los soldados usaban los escudos para crear un caparazón de defensa

TRIDENTE Lanza con 3 puntas

TRIUNFO Desfile que servía de homenaje a un comandante o emperador que había logrado una hazaña militar importante

VILLA Casa de campo grande en la que vivían las familias romanas acomodadas

Índice alfabético

Aceite 21, 23
Acróbata 26, 37
Acueducto 1, 16, 17, 35
Aforo 31
Altar 14, 19, 24, 36
Anfiteatro 31
Aqua Traiana 16
Atrium 24
Banquete 26, 27, 29, 37
Barco 22, 23, 36
Caballo 9, 34
Caldarium 21
Campo de Marte 10, 34
Canal 16, 22
Cangrejo 23, 36
Carrera 8, 9
Carro 9
Carruaje 29
Casa 16, 19, 24, 32
Casco 9, 11, 29, 34, 37
Cerámica 23, 25
Cereal 23, 36
Cicerón 19
Circo Máximo 8, 9, 34
Cocina 16, 24
Coliseo 30, 31, 38
Cuadriga 9, 28, 29, 34
Dados 19, 36
Dios/diosa 12, 14, 19, 24, 36
Emperador 1, 5, 11, 12, 28, 29
Escultura 14, 15, 35
Espada 11, 30, 34
Estadio 1, 8, 9, 10
Estatua 7, 12, 14, 15, 34, 35
Estudio de escultura 14, 35
Flor 6, 13, 29, 30, 35, 38
Foro 6, 34
Frigidarium 21
Ganso 16, 35
Gentío 28
Gladiador 9, 26, 30, 31, 38
Grúa 16
Guardia pretoriana 11
Hipocausto 21
Insulae 18, 19, 36

Legado 10
Legionario 10
León 26
Leopardo 26
Letrina 6, 7, 34
Lirón 26, 27, 37
Lucha 9, 20, 26, 31, 36
Ludi 9
Malabarista 16, 35
Marinero 23, 36
Mercado 6
Miel 9, 26, 34, 37
Militar 23, 28
Mono 29, 37
Mosaico 25, 37
Multitud 8, 30
Música 13, 35
Oculus 13
Ostia 23
Pájaro 11, 16, 27, 34, 35
Panteón 12, 13, 35
Papiro 23
Patricio 7
Piedra 16, 25
Puerto 22, 23, 36
Rana 25, 37
Río 1, 16, 17, 22
Sacerdote/sacerdotisa 7, 13, 35
Sandalia 11, 34
Senador 7, 34
Soldado 10, 11, 12, 29, 34, 37
Tablinum 24
Templo 1, 12
Tepidarium 21
Termas 20, 21, 36
Tesela 25
Testudo 11
Tigre 30, 31
Toga 7, 8, 33, 34
Tridente 30
Triunfo 28, 29, 37
Túnica 29
Vaca 13, 35
Villa 24, 25, 26, 28, 37